Inhalt

Medizintechnik - Die Branche bleibt auf Wachstumskurs

Kernthesen

Beitrag

Fallbeispiele

Zahlen und Fakten

Weiterführende Literatur

Impressum

Medizintechnik - Die Branche bleibt auf Wachstumskurs

Anja Schneider

Kernthesen

- Die deutsche Medizintechnikbranche erzielte 2011 einen Gesamtumsatz von rund 21 Milliarden Euro und wuchs damit um sechs Prozent.
- Wachstumsmotor ist weiterhin der Export, der mit 65 Prozent zum Umsatz beiträgt.
- Die Medizintechnikbranche investiert mit neun Prozent des Umsatzes überdurchschnittlich viel in die Forschung und Entwicklung.
- Für das laufende Jahr sind die Hersteller optimistisch und erwarten in der Regel bessere Ergebnisse als 2011.

Beitrag

Medizintechnikbranche weiterhin auf Wachstumskurs

In den vergangenen Monaten machten Medizinprodukte mit negativen Schlagzeilen auf sich aufmerksam. Zuerst sorgte ein französischer Unternehmer mit dem Verkauf minderwertiger Brustimplantate für einen Skandal, dann gerieten bestimmte Hüftgelenke aus Metall in die Kritik, Metallabrieb freizusetzen und damit Organschäden und sogar Krebs auszulösen. Prompt ist auf EU-Ebene und auch in Deutschland eine Diskussion um schärfere Kontrollen in Gang gesetzt worden. (1)

Doch jenseits dieser schlechten Nachrichten ist die Medizintechnik eine sehr innovative Branche, die sich auf anhaltendem Wachstumskurs befindet. Im vergangenen Jahr erzielten die deutschen Medizintechnik-Hersteller ein Umsatzwachstum von rund sechs Prozent und damit einen Gesamtumsatz von 21,1 Milliarden Euro. Insbesondere in den ersten sechs Monaten des Jahres konnten sehr gute Geschäfte eingefahren werden, die sich in der zweiten Jahreshälfte leicht abkühlten. Die Beschäftigung erhöhte sich leicht um rund drei Prozent. Insgesamt waren damit bei den rund 1 140 medizintechnischen Betrieben zum Jahresende 2011 rund 91 900 Mitarbeiter beschäftigt. Die Branche ist mittelständisch strukturiert. 94 Prozent der Unternehmen haben weniger als 250 Mitarbeiter. Der Inlandsumsatz belief sich auf 7,4 Milliarden Euro (plus drei Prozent gegenüber dem Vorjahr). Für das laufende Jahr sind die Hersteller optimistisch und erwarten in der Regel bessere Ergebnisse als 2011. Sorgen machen der Branche der Fachkräftemangel, hohe Rohstoff- und Transportkosten sowie Außenstände.

Zu den größten Herstellern von Medizinprodukten in Deutschland gehören Siemens, Fresenius, B. Braun Melsungen und die Drägerwerke. International gelten Siemens, Philips und General Electric als die drei großen Konzerne auf dem Medizintechnikmarkt. (2), (3), (4), (5)

Auch international steigende Nachfrage

Auf dem europäischen Markt wird in der Medizintechnikbranche ein Gesamtumsatz von rund 70 Milliarden Euro erzielt. Die deutschen Hersteller sind hier marktführend. Weltweit nimmt die Nachfrage nach medizintechnischen Produkten zu.

2007 lag das globale Marktvolumen bei rund 220 Milliarden Euro, heute wird es auf mehr als 300 Milliarden Euro taxiert. Das Hamburgische Weltwirtschaftsinstitut (HWWI) geht davon aus, dass die Nachfrage bis zum Jahr 2020 vor allem in den Schwellenländern im Schnitt jedes Jahr um neun bis 16 Prozent wachsen wird. (4)

Wachstumsmotor Export

Die deutsche Medizintechnik ist stark im Exportgeschäft. Auf dem Weltmarkt gelten die deutschen Hersteller als Innovationsführer. Die Exportquote liegt bei 65 Prozent. Der Auslandsumsatz legte um sieben Prozent zu und erreichte 13,7 Milliarden Euro. Gute Wachstumschancen rechnen sich die deutschen Hersteller insbesondere in Asien aus. Rund 20 Prozent der deutschen Medizintechnik-Exporte gehen in diese Region. Sie soll Zuwächse in Höhe von 13 Prozent bringen. Ebenfalls einen Anteil von 20 Prozent hat Nordamerika; die Wachstumsmöglichkeiten werden hier immerhin auf acht Prozent geschätzt. In Osteuropa sehen die Hersteller rund sechs Prozent Wachstum, in Westeuropa hingegen nur bescheidene zwei bis drei Prozent. Freilich müssen sich die Hersteller in den Schwellenländern darauf einstellen, dass andere Produkte und Systeme nachgefragt werden. Während in Westeuropa und Nordamerika innovative, komplexe medizintechnische Systeme und Dienstleistungen gefragt sind, wollen die Käufer in Osteuropa und Asien eher robuste Geräte, die einfach zu bedienen sind. Hier geht es in vielen Fällen zunächst einmal darum, eine flächendeckende medizinische und medizintechnische Versorgung aufzubauen. Die deutschen Hersteller von Medizintechnik könnten die Potenziale in bevölkerungsreichen Schwellenländern wie Brasilien, Russland, Südafrika, Indien und China noch stärker ausschöpfen. Gute Aussichten bieten auch die nordafrikanischen Länder Algerien, Tunesien und Libyen. Dort muss der Gesundheitssektor aufgebaut werden. Dasselbe gilt für China. Laut Masterplan vom 6. April 2009 sollen 5 000 neue Zentralkliniken, 2 000 neue Kreiskrankenhäuser und 2 400 Gemeinschafts-Gesundheitsservice-Center entstehen. Kleine und mittelständische ausländische Medizintechnikfirmen könnten daran partizipieren. [Abb. 1], (6), (7), (8)

Überdurchschnittliche Investitionen in Forschung und Entwicklung

Die deutschen Medizintechnikhersteller gelten als

innovativ und investieren viel in Forschung und Entwicklung. Neun Prozent des Umsatzes fließen pro Jahr in diesen Bereich, das ist doppelt so viel wie der Durchschnitt des verarbeitenden Gewerbes. Die Zahl der angemeldeten Patente für Medizintechnik in Deutschland ist höher als beispielsweise in der Automobilindustrie und der Datenverarbeitung. Die Hersteller kooperieren mit Experten und nutzen ihre guten Netzwerke. Sie greifen auf öffentliche Fördermaßnahmen zu, mit deren Unterstützung immer wieder innovative Medizinprodukte entwickelt werden. So hat beispielsweise das Bundesforschungsministerium 23,4 Millionen Euro für den Förderschwerpunkt Intelligente Implantate zur Verfügung gestellt. Prompt stellte die Branche Hüftprothesen vor mit einem Sensor, der frühzeitig Lockerungszustände anzeigt, ein Ventil, das die Hirnwasserableitung optimal steuert, und einen implantierbaren Glucosemesser, der Diabetikern jederzeit den Zuckerspiegel anzeigt. Die Patienten profitieren von den enormen technischen Fortschritten, die die Medizintechnik erreicht, so etwa in der computergestützten Chirurgie und robotergestützten Operationen. In der Medizin ist viel von der personalisierten Medizin die Rede. Dahinter steckt der Gedanke, dass Patienten mit derselben Diagnose unterschiedlich therapiert werden können, weil sie auf Behandlungsansätze unterschiedlich reagieren. Damit sich die personalisierte Medizin weiterentwickeln kann, bemüht sich personalisierte Medizintechnik um Fortschritt in Technik und Forschung. Genauer beleuchtet dies der Innovationsreport Personalisierte Medizintechnik des VDE Verband der Elektrotechnik Elektronik Informationstechnik. Er stellt vor, wie Biomarker, Bioimplantate, computergestützte Patientenmodelle und Theranostik im OP (technologiegestützte Verschmelzung von Therapie und Diagnostik) dabei helfen können, für jeden Betroffenen die optimale Behandlungsmethode zu finden. (9), (10), (2), (5), (11)

Trends

Mobile Medizin: Mobile Geräte und medizinische Anwendungen für Tablet-PCs und Smartphones werden auch in der Gesundheitsversorgung im Krankenhaus, von niedergelassenen Ärzten und von den Patienten selbst immer stärker genutzt. Beispielsweise können Diabetes-Patienten ihre Blutzuckerwerte über einen an das Smartphone angeschlossenen Sensor zu Hause erfassen und per WLAN an den behandelnden Arzt übermitteln. Medizinische Bilder können auf Tablet-PCs angezeigt werden (in den USA bereits erlaubt, in Deutschland nach der Röntgenverordnung noch verboten). Damit werden IT-Geräte als Medizinprodukte genutzt. Dies bringt Fragen der Sicherheit (etwas CE-

Zertifizierung), des Datenschutzes und der Haftung mit sich. (12), (13)Service Angebote: Ausbaupotenzial und Chancen für Medizintechnikhersteller werden auf dem deutschen Markt noch in innovativen Service-Angeboten gesehen, wie beispielsweise der Übernahme von Wartung, Instandhaltung und Reparatur von medizintechnischen Geräten für Kliniken. Experten gehen davon aus, dass der Serviceanteil bei vielen Unternehmen künftig bis zu 20 Prozent des Gesamtumsatzes ausmachen kann. (2)

Fallbeispiele

Siemens Healthcare

Siemens ist weltweit einer der führenden Anbieter im Sektor Healthcare. Das Produktspektrum reicht hier über Lösungen für die gesamte Palette der Patientenversorgung bis hin zur Optimierung der klinischen Arbeitsabläufe. Siemens Healthcare beschäftigt weltweit rund 51 000 Mitarbeiter und erzielte im Geschäftsjahr 2011 (bis 30. September) einen Umsatz von 12,5 Milliarden Euro bei einem Ergebnis von rund 1,3 Milliarden Euro. (18)

Fresenius Medical Care

Im Gesundheitskonzern Fresenius erwirtschaftet Fresenius Medical Care (FMC) mit 9,2 Milliarden Euro mehr als die Hälfte des Umsatzes von 16,5 Milliarden Euro im Gesamtkonzern. Fresenius Medical Care wird dominiert durch den Schwerpunkts Dialyse. (19)

B. Braun Melsungen

Die B. Braun Melsungen AG erzielte im vergangenen Jahr mit 4,9 Milliarden Euro einen neuen Rekordumsatz und mit 256 Millionen Euro den immerhin zweithöchsten Gewinn der Unternehmensgeschichte (minus 8,0 Prozent). B. Braun konnte in der Region Asien/Pazifik stark wachsen und bestätigt mit einem Plus von zwölf Prozent auf 691 Millionen Euro Umsatz diesen Trend. Bei den geplanten Investitionen legt das Unternehmen folgerichtig den Fokus auf Asien. (14)

Dräger

Auch Dräger übertraf 2011 seinen Umsatzrekord aus dem Vorjahr und erzielte 2,3 Milliarden Euro Umsatz, was einem Plus von 3,6 Prozent entspricht. Im Bereich Medizintechnik stieg der Umsatz um 0,9 Prozent auf rund 1,5 Milliarden Euro. Die Medizintechnik war wie im Vorjahr die Umsatz- und ergebnisstärkste Sparte. (15)

Philips

Beim niederländischen Elektronik- und Medizintechnikkonzern Philips gilt die Medizintechnik-Sparte als Lichtblick. Sie schaffte im vergangenen Jahr 93 Millionen Euro Gewinn. Die Niederländer verkaufen hochwertige Medizintechnik wie etwa Computertomographen. (16)

Asahi Kasei

Der japanische Chemiekonzern Asahi Kasei will seine Gesundheitssparte erweitern und die US-Medizintechnik-Firma Zoll Medical, die unter anderem Defibrillatoren herstellt, für mehr als 2 Milliarden US-Dollar kaufen. (17)

Zahlen & Fakten

Abbildung 1: Die deutsche Medizintechnikbranche

Die deutsche Medizintechnikbranche		
Hersteller	1.140	
größte Hersteller in Deutschland	Siemens, Fresenius, B. Braun, Drägerwerke	
größte Hersteller weltweit	Siemens, Philips, General Electric	
Beschäftigte in D	91.900	
Umsatz in D 2011	21,1 Milliarden Euro	+6%
Inlandsumsatz	7,4 Milliarden Euro	+3%
Auslandsumsatz	13,7 Milliarden Euro	+7%
Exportquote	65%	

Quelle: SPECTARIS

Entnommen aus: bionity.com News, 14.11.2011 (2)

Weiterführende Literatur

(1) Vorläufige Entwarnung: Kein Krebs durch Metallprothesen

aus PZ Pharmazeutische Zeitung vom 12.04.2012 Seite 40

(2) Medizintechnik-Unternehmen setzen Erfolg fort. SPECTARIS prognostiziert Umsatzplus von 6 %, Service-Angebote bieten Potenziale für das Inlandsgeschäft
aus <Medizin> MEZ

(3) Medizintechnik bleibt auf Wachstumskurs
aus Ärzte Zeitung Nr. 196 vom 02.11.2011, Seite 23

(4) Die Lage der Medizintechnik-Branche bleibt stabil
aus Ärzte Zeitung Nr. 197 vom 03.11.2011, Seite 18

(5) Medica 2011: Medizintechnik-Branche zeigt sich zuversichtlich
aus Deutsches Ärzteblatt 44/108 vom 04.11.11 Seite 2350

(6) Healthcare made in Germany nutzt Potenziale nicht aus
aus Ärzte Zeitung Nr. 49 vom 16.03.2012, Seite 11

(7) Nordafrika bietet Chancen für deutsche Medizintechnikunternehmen. SPECTARIS-Geschäftsführer begleitet Delegation aus Gesundheitswirtschaft nach Algerien, Tunesien und Libyen
aus <Auslandsinvestition nach Land> IWI-01-01

(8) Medizintechnikbranche: Lockruf aus dem Reich der Mitte

aus Ärzte Zeitung Nr. 187 vom 19.10.2011, Seite 15

(9) Kleine Medizintechnik-Unternehmen besonders innovationsstark
aus <Kooperation> BWL-12

(10) Branche schafft weiter Arbeitsplätze
aus PZ Pharmazeutische Zeitung vom 10.11.2011 Seite 44

(11) Innovationsreport zu personalisierter Medizintechnik
aus Management & Krankenhaus vom 11.04.2012, Heft 4/2012, Seite 9

(12) Die Zukunft der Medizin ist mobil
aus Ärzte Zeitung Nr. 41 vom 06.03.2012, Seite 12

(13) Wenn »Apple« den Doktor fernhält
aus PZ Pharmazeutische Zeitung vom 01.03.2012 Seite 40

(14) B. Braun Melsungen erzielt 2011 neuen Rekordumsatz
aus Ärzte Zeitung Nr. 45 vom 12.03.2012, Seite 13

(15) Dräger toppt 2011 den Umsatzrekord aus dem Vorjahr
aus Ärzte Zeitung Nr. 29 vom 17.02.2012, Seite 16

(16) Defizitäres TV-Geschäft und die Finanzkrise machen Philips zu schaffen
aus Ärzte Zeitung Nr. 17 vom 01.02.2012, Seite 15

(17) Asahi Kasei will Zoll Medical kaufen
aus CHEManager vom 30.03.2012, Heft 6/2012, Seite 2

(18) Neues Online-Portal / Der informierte Patient
(mit Bild)
aus news aktuell, 2012-03-12

(19) Fresenius: Top in der B-Note
aus WirtschaftsWoche online vom 2012-04-14

Impressum

Medizintechnik - Die Branche bleibt auf Wachstumskurs

Bibliografische Information der deutschen Nationalbibliothek

Die Deutsche Nationalbibliothek verzeichnet diese Publikation in der deutschen Nationalbibliografie; detaillierte bibliografische Daten sind im Internet über http://dnb.d-nb.de abrufbar.

ISBN: 978-3-7379-2774-1

© 2015 GBI-Genios Deutsche Wirtschaftsdatenbank GmbH, Freischützstraße 96, 81927 München, www.genios.de

Alle Rechte vorbehalten. Dieses Werk ist einschließlich aller seiner Teile – z.B. Texte, Tabellen und Grafiken - urheberrechtlich geschützt. Jede Verwertung außerhalb der Grenzen des Urheberrechtsgesetzes bedarf der vorherigen Zustimmung des Verlags. Dies gilt insbesondere auch für auszugsweise Nachdrucke, fotomechanische Vervielfältigungen (Fotokopie/Mikroskopie), Übersetzungen, Auswertungen durch Datenbanken oder ähnliche Einrichtungen und die Einspeicherung und Verarbeitung in elektronischen Systemen.